I b 48 1856.

PROFESSION DE FOI

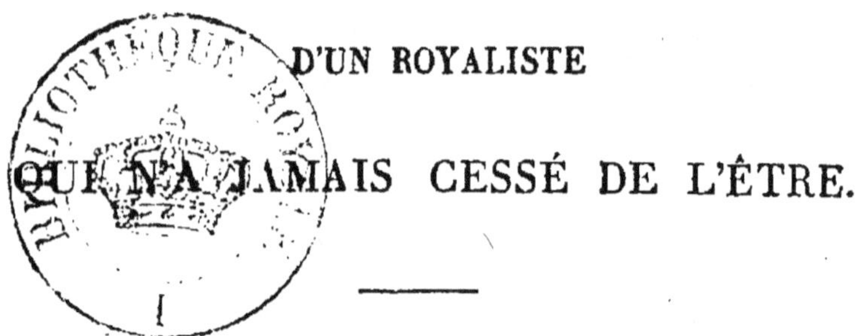

D'UN ROYALISTE

QUI N'A JAMAIS CESSÉ DE L'ÊTRE.

—

Le caractère français, tel que l'ont fait la nature et quatorze siècles d'existence, est trop vif, trop pressé de jouir, trop susceptible des impressions du moment, trop porté à agir par sentiment plutôt que par réflexion; le territoire de la France est trop étendu, trop varié; les intérêts des provinces ou départements sont trop dissemblables, et ces mêmes intérêts trop souvent froissés par une direction unique; les passions enfin, surtout celles qui naissent de l'amour-propre, tranchons le mot, de l'orgueil, sont trop faciles à exalter, pour que le gouvernement représentatif puisse s'y naturaliser promptement.

Pour qu'il y soit bien compris et bien exécuté, il faudra qu'un laps de temps plus ou moins considérable, suivant les événements, ait pu modifier nos mœurs.

Une autre raison ajoute, et peut-être plus qu'on ne pense, à cette difficulté; cette raison est précisément ce qui faisait autrefois le charme du caractère français, ce qui le faisait aimer et craindre dans tous les pays, ce qui rendait la France, et surtout Paris, un séjour enchanteur pour les étrangers, ce qui enfin, dans tous les temps, a produit en France les plus beaux traits d'héroïsme, de valeur, de générosité.

On devine déjà que je veux parler de cette sociabilité innée chez le Français, de cet amour d'entraînement pour le beau sexe, et par conséquent, *de l'influence des femmes.*

En Angleterre, elles sont étrangères à la politique : l'Anglais traite le verre à la main, pendant des heures entières, et cependant avec plus de calme qu'on ne le croit généralement, les plus hautes questions de la politique, les plus grands intérêts de l'Etat, et ne songe pas un instant aux dames qui, dans une autre pièce, et tout en préparant le thé, parlent sentiment, modes, affaires de ménage.

Le Français, au contraire, n'ambitionne les succès que pour les déposer aux pieds de l'objet de son amour ; il ne veut de la gloire que pour en couronner la divinité qu'il encense. En descendant de la tribune, il lui raconte son triomphe ou ses revers ; il la consulte, l'écoute, et s'il y remonte le lendemain, ses idées auront, et souvent même à son insu, pris une teinte de celles de sa conseillère.

En France, les femmes, de tout temps, influèrent sur les affaires, et encore aujourd'hui, malgré les hideuses passions que réveillent les intérêts du jour, je ne pense pas que quelqu'un soit tenté de prétendre qu'elles n'y prennent aucune part.

Est-ce un mal ? est-ce un bien ? Je n'aborderai pas cette grande question pour laquelle on peut soutenir avec un égal succès l'affirmative ou la négative, car on peut dire de la femme ce qu'Esope disait de la langue.

Il me suffit que le fait soit constant ; or, il l'est

et le sera, tant que le caractère français restera ce qu'il a été et ce qu'il est encore aujourd'hui.

Il faut donc bien, jusqu'à ce qu'il en soit autrement, se résoudre à supporter, dans la marche du gouvernement, les effets de ce caractère.

Gagnerait-on à le changer ? Autre question difficile à résoudre, car si, de nos défauts, naissent de grands obstacles, nos qualités offrent aussi de grands moyens et de grandes ressources, ce qui prouve qu'il existe des compensations dans le monde moral beaucoup mieux que dans le gros livre de M. Azaïs.

Sans doute, l'ancien gouvernement, résultat des âges, était mieux approprié à ce caractère ; déjà, plus d'une fois, il s'était modifié d'après les changements arrivés dans nos mœurs. Il pouvait l'être encore tout aussi favorablement sans déchirements, sans secousses ; mais s'ensuit-il qu'il faille y revenir ?

Ma réponse pourra paraître une contradiction, et pourtant elle est faite avec toute la sincérité, toute la franchise d'un Français, d'un soldat ; cette réponse est simple, elle n'a qu'un seul mot : et ce mot, je le prononce sans hésitation comme sans réticence : *non.*

Sans doute, si cela eût été possible, ce retour à notre ancien gouvernement m'eût semblé préférable. Il fut l'objet de mon premier amour ; c'est pour lui que je portai l'épée, c'est pour lui que je la tirai pour la première fois ; mais ici la raison doit l'emporter sur la force des affections, sur l'empire de l'habitude.

Je le répète donc, revenir à nos anciennes constitutions est impossible ; mais, autant y songer serait une folie, autant il serait sage de travailler à nous en rapprocher.

Une révolution comme la nôtre qui a renversé du plus bel édifice, non seulement les murailles et tout ce qui s'élevait au-dessus de terre, mais même jusqu'aux fondations ; une révolution qui a, non seulement déplacé les individus, mais détruit les rangs et les conditions ; qui a fait mépriser tout ce que jadis on respectait ; qui a tenté d'éteindre dans les cœurs tout principe de religion ; qui a tout nivelé pour que rien ne pût se soustraire sur toute l'etendue de la France, d'abord à l'anarchie populacière, ensuite au despotisme militaire ; une révolution enfin qui, suivant la belle expression de M. de Châteaubriand, *a dispersé et jeté au vent la poussière de ce qui existait ;* une telle révolution ne permet pas de revenir à tout ce qui était, parce que l'homme n'a pas plus le pouvoir de ressusciter que de créer.

On pourrait sans doute donner le nom *de parlements* à des tribunaux ; mais leur rendrait-on ce respect, cette considération, cette vénération, résultat d'une longue suite d'aïeux se transmettant de l'un à l'autre des mœurs austères, des fortunes indépendantes, et exerçant depuis des siècles les mêmes fonctions avec honneur, avec intégrité ?

On peut dire encore *la noblesse.* Mais, privée de ses propriétés disséminées dans des milliers de mains, déchue de ses priviléges qui ne peuvent plus revenir, de celui surtout d'être presqu'exclusivement dévouée au service militaire, dépouillée enfin de son existence comme corps dans l'Etat, retrouverait-elle le juste respect qu'elle inspirait jadis ?

Les ministres de la religion pris collectivement s'appellent bien encore *le clergé ;* mais ses biens sont vendus : tout aussi respectable, et peut-être même plus qu'autrefois par la régularité de ses mœurs et par son zèle à remplir ses devoirs, il n'est plus la classe exclusivement instruite; or, c'étaient cette supériorité d'instruction, ces propriétés immenses qui en avaient fait le premier corps de l'Etat; institution utile alors, et qui a rendu de grands services; conception profonde, je dirais presque sublime de nos aïeux, qui mettaient ainsi les lois de la terre sous la protection des lois du ciel... Aujourd'hui existe-t-il quelque moyen de lui rendre, je ne dis pas son ancienne considération, elle est la même encore aux yeux des gens de bien, mais son ancienne consistance?

Ressusciter le gouvernement existant autrefois est donc chose impossible.

Cette résurrection eût-elle été d'ailleurs avantageuse à l'Etat et au souverain? Il est, je crois, permis d'en douter.

Les droits de chaque ordre n'étaient jadis établis que sur des traditions et avaient plusieurs fois varié.

La constitution (car nous en avions une) n'était point écrite, elle était le résultat des siècles, des mœurs; elle existait dans l'opinion; elle était, pour ainsi dire, article de foi, et par cela même, bien plus que suffisante pour maintenir la tranquillité, et assurer le bonheur de l'Etat, la nation conservant ses anciennes mœurs, ses habitudes, ses préjugés même, si l'on veut.

Mais après une révolution qui avait tout détruit, tout changé, qui, ayant dévoré les générations, avait tout fait oublier, était-il de l'intérêt du prince, de celui même des sujets, d'exposer l'autorité souveraine à des oppositions dangereuses?

La révolution d'abord, ensuite Buonaparte qui,

quoique sorti de son sein, l'avait écrasée sous son bras de fer, avaient fait naître des intérêts qu'il fallait ménager, des prétentions qu'on devait ne pas trop heurter. Le Roi remontait sur un trône qui lui appartenait sans doute, et par un droit que l'usurpation n'avait pu rendre douteux ; mais il retrouvait dans la nation d'autres mœurs, d'autres habitudes : il avait donc le droit de modifier les lois fondamentales, et sa sagesse l'y invitait, afin de rapprocher ce qui était de ce qui avait été, et, comme il l'a dit lui-même, afin de rattacher le présent au passé.

Je n'ai présenté ces réflexions que pour saper par le fondement l'édifice de calomnies que l'on ne cesse d'élever contre les royalistes, et pour prouver la franchise avec laquelle ils ont adopté le gouvernement tel que le Roi l'a fait.

Quel autre mode de gouvernement que celui qui constitue la Charte, qu'il a plu au Roi de nous octroyer, pouvait mieux assurer à la fois la tranquillité de l'État, le bonheur des individus, et faire remonter la France au rang qu'elle doit occuper parmi les nations de l'Europe ? Cette question est inutile à débattre aujourd'hui. A l'époque de son retour, Sa Majesté pouvait faire tout ce qu'elle aurait voulu, même établir le despotisme, si un Bourbon pouvait être un despote ; la France aurait reçu avec enthousiasme, avec reconnaissance, tout ce qui lui serait venu de son Roi légitime. C'est une vérité, que l'ignorance, la mauvaise foi ou la haine peuvent seules méconnaître.

Mais le despotisme s'use et se détruit lui-même; le Roi l'a senti : et nous avons une Charte royale.

Deux Chambres, corps intermédiaires, faisant contrepoids entr'eux et conseillers du souverain, l'un héréditaire , représentant les intérêts fixes et permanents ; l'autre, changeant comme les intérêts qu'il est appelé à représenter , et tous deux votant l'impôt.

Des ministres, agents de l'autorité souveraine, amovibles , mais responsables.

Au-dessus de tous, le *Roi*, chef suprême de l'Etat, inviolable, sacré , jouissant dans toute leur plénitude des droits de la souveraineté ; faisant et la paix et la guerre ; rendant la justice par l'organe des juges qu'il institue ; faisant la loi , mais, afin de s'entourer de toutes les lumières avant de prononcer, voulant que les projets qui lui sont présentés par les ministres soient soumis à l'examen, à la discussion des Chambres.

Voilà toute l'économie de notre nouveau système social.

Or, admettez que les passions de nos libéraux n'en troublassent pas l'harmonie ; supposez la France arrivée à cet état de calme qu'elle obtiendra enfin, lorsqu'à ce débordement de calomnies, à ces défiances absurdes dont on poursuit les royalistes avec un cynisme révoltant, aura succédé le règne de l'ordre et des vraies mœurs françaises ; qu'y a-t-il dans cet ordre de choses qui choque la raison d'un homme de bon sens ou blesse la conscience d'un honnète homme ?

Le Roi a l'initiative pour proposer la loi. Cela devait être, parce que le Roi, placé au-dessus des intérêts de tous, n'ayant, ne pouvant avoir d'autre desir que le bonheur de son peuple, est seul en état de juger si , sur tel ou tel objet, une loi est ou non nécessaire. Seul il doit donc la faire ; mais il est homme, il ne peut pas tout voir ou tout savoir ; ses ministres en tant qu'hommes sont sujets à l'erreur ; ils peuvent avoir des passions et se laisser conduire par des intérêts, qui, pour être les leurs, pourraient bien n'être, ni ceux du souverain, ni ceux de ses sujets. Quoi de plus raisonnable que de faire dépendre d'une discussion solennelle dans les deux Chambres l'adoption de la loi, expression de sa volonté souveraine?

Par la hiérarchie de cette discussion, le législateur a encore montré sa sagesse.

Elle commence dans la Chambre qui représente les intérêts du moment, ceux qui peuvent changer, et la discussion y est publique, afin que la nation entière puisse, en quelque sorte, considérer la loi comme son propre ouvrage.

Elle va ensuite à la Chambre qui représente les intérêts fixes et permanents, et la discussion n'y est pas publique, par où les pairs, déjà éclairés par les débats de la Chambre des députés, sont à l'abri de toute influence du dehors.

Dans un tel gouvernement le Roi peut faire tout le bien qui est dans son cœur, et empêcher beaucoup de mal; ce gouvernement porte donc en lui, comme un autre, tous les principes et tous les moyens de bonheur : pourquoi donc les royalistes sages lui seraient-ils contraires? De ce qu'il leur serait permis de croire que ces mêmes principes auraient pu se trouver ailleurs, s'ensuit-il qu'on ait le droit de les accuser, de les méconnaître dans nos formes actuelles? Et, s'il est vrai que quelques-uns d'entre eux éprouvent encore quelque répugnance à se détacher des regrets qu'engendrent leurs vieux souvenirs, n'en trouveraient-ils pas une excuse malheureusement trop fondée dans la feinte idolâtrie des artisans de nos anciens malheurs pour la Charte *royale*, qu'ils se donnent de garde de qualifier ainsi, s'étudiant, au contraire, à vouloir qu'elle ne soit autre chose que l'héritière de la révolution, et ne séparant pas *leur tendresse pour la Charte* de LEUR AMOUR POUR LA RÉVOLU-TION ? (expressions du *Constitutionnel.*)

Il fallait que la Charte fût comprise et exécutée comme elle devait l'être.

Avant la révolution, la France était, de tous les États de l'Europe, le plus monarchiquement cons-titué ; il fallait donc que les nouvelles institutions fussent dirigées de manière à se rapprocher le plus possible des anciennes.

Buonaparte avait déjà fait faire à l'esprit public de grands pas vers la monarchie; pourquoi ne pas en profiter ?

Il fallait.... Mais de quel droit irais-je donner des conseils à qui ne m'en demande pas ? Cepen-dant si je fais une profession de foi, il faut bien dire ce que je pense; d'ailleurs, en me supposant même dans l'erreur, mon cœur me dit que je ne puis faire aucun mal. Si j'ai raison et qu'on en profite, tant mieux ; dans le cas contraire, mes rê-veries seront sans conséquence : continuons donc de rêver.

La première démarche à faire eût été, ce me semble, d'abroger toutes les lois faites pendant l'interrègne ou l'usurpation.

Le Roi, remontant sur son trône par le droit de sa naissance, les lois faites pendant son absence n'avaient aucun caractère légal; enfants mons-trueux du plus monstrueux délire qui ait jamais existé, leur abrogation eût frappé d'une juste ré-probation toutes les mesures atroces adoptées, en son absence, contre la fidélité et le dévouement. Ainsi notre législation se fût débarrassée de cet amas de décrets, constitutions, lois organiques, sénatus-consultes, que les passions vont chercher dans les archives révolutionnaires toutes les fois qu'elles en ont besoin ; scandale dont nous avons eu à gémir, au sujet des missions, l'an de grâce 1819, sous le règne du Roi très chrétien.

Si, dans ce fatras sanglant, quelque chose de bon se fût trouvé qui eût échappé à l'ancienne législation du royaume, on eût pu lui donner un caractère légal par une nouvelle promulgation.

Il eût été à desirer surtout que la Charte eût, dès le début, contenu toutes les lois fondamentales, telles que celles sur les élections, sur le recrutement, sur la liberté de la presse, parce que lois fondamentales veut dire lois qui sont le fondement, la base de l'édifice social, et que lorsqu'on bâtit, on ne commence pas par les murs pour reprendre les fondations en sous-œuvre; parce que charger des Chambres de coopérer à ces lois, c'est risquer de les imprégner du venin de toutes les passions.

L'existence d'une Chambre des députés supposait des élections préalables, par conséquent une loi des élections.

Celles-ci doivent nécessairement se ressentir de la tendance générale des idées ; on en a fait une heureuse expérience en 1815.

A cette époque, on a vu clairement quelles étaient les vraies dispositions de la France. Pourquoi, du moins, n'a-t-on pas pensé à donner dès-lors une loi d'élections conforme à ces dispositions, puisque la Charte n'y avait pas pourvu ? Tous les troubles qui ont eu lieu depuis eussent été prévenus par cette seule précaution.

Au lieu de cela nous avons vu comment un ministère, se laissant entraîner lui-même par de petites passions et de petites vues, n'a abouti qu'à faire faire des élections dans un sens absolument con-

traire au vœu général, et à faire nommer des députés dont personne ne voulait, pas même lui.

Concluons-en sans hésiter que des lois fondamentales eussent été mieux faites par le législateur suprême seul, qui les eût pesées et mûries dans
sa sagesse ; ou, du moins, qu'elles eussent été plus
conformes au vœu de la nation et au besoin de la
monarchie, si, comme l'indiquait le simple sens
commun, elles eussent été le premier objet soumis
à la législature.

Il n'eût pas été moins nécessaire que la Charte
eût rendu une existence à la noblesse, car il n'a
jamais existé, et il ne peut exister, je crois, de
monarchie sans noblesse, et il n'existe pas de noblesse sans priviléges, c'est-à dire, *sine privatæ
leges.*

Ou bien la noblesse n'est rien du tout ; ou bien
elle n'est pas l'état de tous, ou, en d'autres ter-
mes, l'existence commune.

Si elle n'est pas l'existence commune, la loi
commune ne suffit pas pour la régir ; il lui faut
des lois particulières, *privatæ leges*, d'où, par
syncope, s'est formé le mot *privilége*, qu'on est
parvenu à rendre odieux à ceux qui n'en con-
naissent pas l'origine.

On va, je le sais, s'écrier que la nation ne veut
pas de *priviléges*. Je pourrais bien disputer un peu
sur ce mot de *nation*, que probablement ceux
qui crieront le plus haut, et moi, nous ne voyons
pas du tout dans les mêmes individus. La nation
de ces clabaudeurs ne veut pas de *priviléges*, je
sais cela de reste ; mais ma nation à moi pourrait
bien y être un peu plus indifférente, et le nombre
à coup sûr serait de mon côté.

Mais je veux bien passer condamnation pourvu
qu'on me permette de définir ce que j'entends par

priviléges. Penserait-on que je demande des priviléges pécuniaires ? non ; des priviléges de place ?
non ; des priviléges de châtiment ? eh bien ! non
encore ; des priviléges qui blessent les intérêts des
autres ? non, mille fois non ; mais il serait, je
crois, facile d'en établir qui ne nuiraient à personne et qui contribueraient cependant à la force
de la constitution.

Que tout noble, par exemple, quelles que soient
ses impositions, fût membre des collèges électo-
raux ; qu'il fallût être noble pour être fait pair,
ce qui, pour le dire en passant, n'empêcherait pas
de faire un pair, en le faisant noble la veille (ceci
n'est cité que comme exemple) ; quel mal y
aurait-il à cela ? pas plus, je pense, et au contraire
autant de bien qu'il y en aurait à attacher le droit
électoral, et même l'éligibilité, à certaines magis-
tratures, à certaines fonctions politiques ou reli-
gieuses.

Les préjugés révolutionnaires auront beau s'a-
giter contre ces vues si simples et si saines, ils
passeront, mais la vérité restera, et, sans m'éri-
ger en prophète, je crois pouvoir prédire qu'on
en viendra là tôt ou tard. Au reste, c'est une opinion comme une autre, et je ne pense pas qu'il
puisse m'être interdit de la manifester. Le temps
la jugera ; il doit m'être permis de la soumettre à
ce tribunal qui seul est infaillible, parce qu'il n'a
pas de passions.

La noblesse doit être la récompense de toute
espèce de services utiles et non lucratifs, et la
pairie celle des services les plus éminents.

La pairie devrait être appuyée sur la grande
propriété, parce que la chambre des pairs est la
branche aristocratique du pouvoir législatif, et

que l'aristocratie est nécessairement composée de grands propriétaires.

Voilà pourquoi, en Angleterre où la pairie est ce qu'elle doit être, elle est le maximum des récompenses pour les grands services; voilà pourquoi aussi l'état y affecte au titre de pair, une dotation, quand la fortune du promu ne lui donne pas les moyens d'en soutenir l'éclat.

La même chose en France détruisait l'idée inculquée, depuis quatre ans, que la fidélité au souverain légitime est une duperie, que le dévouement est une sottise, et que le plus avantageux comme le plus sûr, est de se tenir toujours attaché au gouvernement de fait.

Il eût fallu enfin, que, dès l'origine et depuis lors, sans déviation, le ministère marchât franchement et de bonne foi dans le sens de nos nouvelles formes monarchiques ; qu'il ne prétendît pas toujours se mettre à couvert derrière la personne sacrée du roi; qu'il mît dans ses relations avec les chambres, la franchise et la loyauté de la force et de la fidélité, et non pas l'astuce de la faiblesse et de la perfidie ; qu'il se crût et se reconnût agent responsable du pouvoir, et non pas le pouvoir lui-même; qu'il cherchât les intérêts du souverain et des sujets, et non pas les siens particuliers; et que, pour défendre ceux-ci, il ne marchât pas, comme nous l'avons vu, au jour le jour, et de coups d'état en coups d'état, pour se donner une majorité, qu'encore il n'obtenait qu'à force d'argent et de concessions à la démocratie; ce qui aurait fini par le renverser, lui et la monarchie.

Il est tombé, et celle-ci subsiste encore; grâces en soient rendues à Dieu ! mais combien nous avons de larmes à répandre sur le crime effroyable devenu, par son atrocité même, le flambeau, le phare qui nous a fait apercevoir l'abîme sur le bord duquel nous marchions, et où nous serions infailliblement tombés, si nous avions fait un pas de plus!

C'est ainsi que j'entends le gouvernement selon la Charte royale, et c'est ainsi, je crois, que l'entendent tous les honnêtes gens qui, de bonne foi, se croient ainsi en parfaite harmonie avec l'esprit de son auguste auteur.

Ils aiment cette Charte, comme l'ancre du salut, comme le port après une horrible tempête; ils l'aiment, non d'un amour d'esclave, et avec un respect servile pour chacun de ses mots, parce que, comme ouvrage humain, elle a dû payer son tribut à l'imperfection humaine; mais ils l'aiment et ils la veulent, parce qu'ils y voient tous les éléments du bonheur et de la gloire de la nation.

C'est ainsi qu'ils l'ont jurée, c'est ainsi qu'ils la défendront, tant qu'il leur restera quelques moyens à employer pour elle.

LE ROI, LA LÉGITIMITÉ, LA CHARTE, ET LES HONNÊTES GENS; voilà la devise des royalistes, voilà leur serment. Ce serment est dans leur cœur comme dans leur bouche, et ils ne cesseront de répéter des vérités qui, déjà, seraient triviales et populaires, si, depuis quatre ans, on n'avait pris à tâche de les rendre importantes et importunes, en s'obstinant à ne pas vouloir les entendre.

Ces vérités sont : qu'on ne fait pas de la monarchie avec des lois républicaines; qu'on ne fait pas des lois monarchiques avec des législateurs républicains; que les meilleures lois du monde ne feront aucun bien, tant qu'elles ne seront pas exécutées, ou que l'exécution en sera confiée aux hommes qui veulent les renverser;

que, punir la fidélité, et récompenser la trahison, est un moyen sûr pour être encore trahi, etc, etc, etc.

Les résultats ont prouvé combien les royalistes, en voyant et raisonnant ainsi, voyaient et raisonnaient juste; il faut espérer que le ministère actuel continuera à tenir ouverts ses yeux pour voir, et ses oreilles pour entendre : la France en a grand besoin !

Le Vicomte de M.....YE.

— ◆ —

CORRESPONDANCE.

24 septembre 1820.

Permettez - moi, Monsieur le Chevalier, de vous adresser l'article ci-joint que, je l'espère, vous trouverez digne de votre feuille par la pureté des principes qui y sont exprimés.

Il n'est pas de moi, mais de mon frère aîné, qui a long-temps prouvé sa fidélité et son dévouement autrement que par la plume, et à qui M. le maréchal Gouvion, à la fin de son ministère, donna les honneurs de la destitution (il était alors colonel de la légion d*******.)

Il lui est bien permis de parler sur l'honneur, puisque jamais il n'a dévié de ses principes, et qu'il a long-temps fait partie de cette armée tant flagornée par les hommes de nos malheurs ; et, en vérité, cette fidélité à ces mêmes principes lui a coûté assez cher pour qu'il ait acquis le droit d'en donner des leçons.

C'est, à l'imitation tous les autres royalistes, le seul dédommagement qu'il en demande.

Je vous l'offre comme un nouveau collaborateur, qui ne s'astreindra pas à fournir régulièrement des articles, mais qui vous en enverra quand l'occasion s'en présentera. Il ne vous est d'ailleurs pas inconnu, etc.

Le Vicomte DE M....YE.

NOTA. Cette lettre a été adressée à l'éditeur du MERCURE ROYAL. Elle a été admise dans cet utile recueil ; mais la pièce qui y est annoncée n'a pu y trouver place.

L'auteur se détermine à la publier à ses frais, pour constater l'esprit de la censure en décembre 1820.

Il lui paraît que ce n'est pas une chose indifférente que de voir des articles tels que la *Profession de foi d'un royaliste qui n'a jamais cessé de l'être*, et tels que celui qui va suivre, repoussés d'un ouvrage périodique, consacré à la défense de la monarchie et de la religion.

QUELQUES IDÉES.

J'entends chaque jour répéter que l'armée française a toujours été le véritable sanctuaire de l'honneur.

Faisant, depuis assez long – temps, partie de cette armée, je suis moins tenté que tout autre de détruire cette honorable opinion ; mais, comme j'ai la vieille habitude de chercher un sens dans les mots, je voudrais que l'on me définît bien clairement celui que l'on attache au mot *honneur*.

Si l'on entend par *honneur* la bravoure, l'intrépidité, la témérité dans les occasions périlleuses, le desir ardent, immodéré même, de la gloire ; ah ! sous ce rapport, je crois qu'il y a peu de troupes qui puissent le disputer aux troupes françaises ; et notez bien que je ne dis pas seulement aux officiers, mais aux *troupes françaises*.

Si l'on entend par *honneur* la fidélité jusqu'à la mort à un serment volontairement et légitimement prêté ; sous ce rapport, j'oserai, sans fiel, sans aigreur, sans esprit de parti, dont je suis plus ennemi que personne, soumettre quelques réflexions au jugement des gens délicats et impartiaux.

Aucun Français ne peut révoquer en doute que Louis XVIII ne soit le légitime souverain de la France. Français dans l'ame, à l'heureuse époque de son premier retour dans l'héritage de ses pères, il voulut regarder comme rendus à lui-même tous les services rendus à la patrie ; il conserva dans leurs grades et leurs emplois tous les officiers de l'armée ; il fit plus, il donna comme témoignage de sa royale et paternelle bienveillance, à tous ceux que leur ancienneté de service en rendait susceptibles, la décoration militaire, instituée pour le militaire seul par son auguste bisaïeul. Il reçut le serment de tous, le *double* serment d'un très grand nombre; tous eurent l'air de le prêter avec joie, même avec une sorte d'enthousiasme; et le Roi crut, parce qu'il devait le croire, parce que tout cœur loyal comme le sien, l'aurait également cru, qu'il pouvait compter sur autant de défenseurs de la couronne, du trône et de sa personne, qu'il y avait de militaires pleins *d'honneur* qui avaient *librement* prêté le serment de défendre au péril de leur vie la couronne, le trône et la personne du Roi. Je dis *librement*, parce qu'aucun officier n'a été forcé, et que celui à qui ce serment aurait répugné, avait pleine et entière liberté de se retirer.

L'usurpateur ne tarda pas à se présenter; je veux bien même ne pas examiner s'il ne fut pas appelé; je dis simplement *qu'il se présenta.* A peine avait-il avec lui une simple escorte, et tout le monde sait que si, dans son trajet jusqu'à Lyon, un seul bataillon eût tenté de s'opposer à son passage, il était perdu sans ressource.

Le Roi dont la sécurité était et devait être entière, puisqu'elle reposait sur les serments des officiers français, fut cependant obligé de sortir, non seulement de sa capitale, mais encore de son royaume, et l'usurpateur reçut spontanément le serment de ces mêmes officiers pleins *d'honneur* qui, deux mois, deux jours même avant, avaient *librement* juré au Roi fidélité jusqu'à la mort!

Je sais que les modérés, ceux qui desirent, pour l'honneur du nom français, jeter un voile sur cette époque peu honorable, disent: il ne faut accuser que les chefs; les subalternes se croient toujours obligés d'obéir; ceux-ci ont suivi l'impul-

sion , et sans être réellement innocents, ils méri-
tent un peu d'indulgence.

Pour l'honneur de l'armée, pour celui de l'habit
que je porte , je veux bien accorder indulgence,
et je desire, sans oser l'espérer, que la postérité
sanctionne cette concession.

Mais un acte additionnel fut proposé, et *chacun*
des officiers pleins *d'honneur* qui avaient *libre-*
ment et *individuellement* juré de défendre la couronne, le trône et la personne d'un Bourbon, a
librement et *individuellement* signé la proscrip-
tion et l'anathême prononcés contre les Bourbon.
Là, chacun agissait individuellement ; il n'y avait
pas commandement d'un chef, et personne ne con-
duisait la main de celui qui signait.

On ne m'accusera pas d'inventer pour calom-
nier; je ne cite que des faits, des faits bien connus,
et que les coupables mêmes ne peuvent contester.

La Providence qui veille sur la France, malgré tous les forfaits qui s'y accumulent chaque
jour, en ouvrant les yeux aux souverains de l'Europe sur les véritables intérêts de leurs peuples et
les leurs, a ramené dans ses états le roi, qui, seul,
en pouvait assurer le bonheur ; il avait certes acquis le droit de ne plus avoir une confiance aussi
entière dans *l'honneur* de l'armée, et la conduite
de cette armée qui, je ne crains pas de le dire, a
seule fait le malheur de la France, ne permettait
plus au roi de l'entretenir ; il fallut la licencier.

Qui aurait eu le droit de se plaindre ? Si, au lieu
de n'écouter que sa clémence, le roi, n'écoutant
que sa justice, eût dit à tous les officiers qui, en
trahissant leurs serments, étaient devenus des rebelles : « J'avais mis ma confiance *dans votre*
» *honneur,* dans votre fidélité, et vous m'avez
» trahi : je veux bien vous épargner le châtiment

» que, selon toutes les lois humaines, vous avez
» encouru, mais aucun de vous ne rentrera dans
» les rangs de l'armée royale ; retournez dans vos
» foyers, ma surveillance vous y accompagne-
» ra, et si vous manquez encore aux devoirs que
» vous impose le titre de citoyens, que par grâce
» je veux bien vous laisser, ma justice saura vous
» atteindre. »

Qu'a fait au contraire ce roi, toujours bon, toujours clément, toujours père ?

En recréant une armée, il y a replacé dans les mêmes grades une grande partie de ces mêmes of-ficiers, espérant, par sa continuelle bonté, fatiguer enfin leur ingratitude. Il les y a même placés, dans une proportion bien plus grande que celle des officiers qui, par un *véritable honneur*, par une fidélité toujours inébranlable, avaient tout perdu, tout sacrifié plutôt que d'abandonner la cause de la royauté, toujours sacrée pour des cœurs vrai-ment français. Il a accordé à tous ceux qu'il ne pouvait placer, un traitement infiniment lourd pour l'état, dans la cruelle position où se trou-vaient les finances, et en général plus considéra-ble pour la majeure partie de ceux qui le rece-vaient, que n'eût été la fortune à laquelle ils étaient appelés par leur position originelle ; et il leur a laissé l'espoir de rentrer à leur tour dans les emplois qui viendraient à vaquer, si leur con-duite future ne mettait pas obstacle à son iné-puisable bienveillance !

La reconnaissance est un sentiment que l'on doit toujours être sûr de trouver dans des cœurs auxquels l'honneur n'est pas étranger.

Après l'historique simple mais fidèle que je viens de tracer, j'ose le demander hardiment à tout homme honnête, y a-t-il même un seul officier de l'armée des cent jours qui ne doive être pénétré pour le Roi de la plus plus vive comme de la plus respectueuse reconnaissance? Or, ceux qui n'éprouvent pas ce sentiment, sont-ils réellement rentrés dans la voie *de l'honneur*?

Je me plais à le dire et à le publier; oui, dans le nombre de mes frères d'armes, il en est beaucoup qui remplissent à cet égard toutes les obligations que leur imposent la délicatesse *et l'honneur*; qui, honteux d'un moment d'égarement, voudraient l'expier au prix de leur sang; et je reconnais avec joie et presque avec orgueil que le Roi n'a pas de plus fidèles serviteurs, de sujets plus dévoués que ceux qui, vaincus, ramenés par sa bonté, rougissent de leur faute, et se font un devoir de la reconnaître. Mais, hélas! est-ce le plus grand nombre? Chaque jour n'entend-on pas des officiers ou déjà replacés, ou qui ne le sont pas encore, crier à l'injustice, se plaindre du Roi, qui n'a pas assez récompensé leur trahison, trouver absurde de voir dans les rangs des hommes *qui n'ont fait qu'un seul serment*, et qui l'ont tenu au détriment de ceux pour qui le serment ne fut qu'un jeu?

Ne les entend-on pas se vanter de leurs exploits lorsqu'ils étaient rebelles et parjures? N'applaudissent-ils pas aux plumes scélérates ou aux crayons factieux qui ne veulent reconnaître d'autre gloire que celle de leur France nouvelle, et qui transforment en lauriers les cyprès des cent jours? Enfin, ne nous disent-ils pas hautement, et sans aucune honte, *ce que j'ai fait, je le ferais encore.*

J'en appelle à la conscience publique : le nombre de ceux qui tiennent ce langage si éloigné du *véritable honneur*, n'est-il pas le plus considérable, et parmi ceux déjà replacés par la bonté du Roi, et parmi ceux qui sollicitent la faveur de l'être? et lorsque chaque jour on entend les mêmes propos répétés sous les drapeaux mêmes, quel est l'homme vraiment français qui ne tremble de voir remettre les moyens actifs de trahison entre les mains de ceux qui en ont fait déjà un si cruel usage? entre les mains de ceux qui disent, aussi clairement qu'il soit possible : « Le gouvernement de fait est le seul auquel il faille tenir, parce que c'est celui qui paie : le vrai serment se fait aux appointements ; les autres ne sont rien? »

Voilà cependant la morale, hélas! la plus commune aujourd'hui parmi ceux qui se prétendent les dépositaires *de l'honneur!*...

Sans doute il est un choix à faire, parmi les officiers qui sont déjà placés comme parmi ceux qui ne le sont pas encore ; mais ce choix est délicat et difficile : une fatale expérience n'apprend que trop combien il est facile d'être induit en erreur.

L'honneur est dans toutes les bouches ; le véritable *honneur* est-il dans tous les cœurs ?

Les chefs de corps, les commandants de département ne peuvent apporter trop de soins à bien connaître chacun des officiers sous leurs ordres, à les faire connaître franchement et loyalement au ministre, qui ne peut voir que par eux, et qui, devant solliciter avec ardeur les bontés de Sa Majesté, pour ceux qui en sont vraiment dignes par leurs *vrais principes d'honneur*, doit aussi l'éclairer sur ceux pour qui *l'honneur* n'est que le desir de vivre ou plus considérés, ou plus riches, aux dépens d'un maître trop bon qu'ils seraient encore prêts à trahir s'ils y trouvaient quelque avantage!

La position des chefs de corps, celle des commandants militaires quelconques, et celle du ministre, sont délicates sans doute ; mais *l'honneur* leur commande d'être inexorables, car le *véritable honneur* consiste à remplir ses devoirs dans toute leur étendue : et quel devoir plus impérieux que celui d'où dépend la sûreté du trône, du monarque et de sa dynastie, gage unique et sacré de la gloire et du bonheur de la patrie !

L'ex-Colonel de la légion de l'.....

8 décembre 1826.

De l'Imprimerie d'Anth^e. BOUCHER, successeur de L.-G. Michaud, rue des Bons-Enfants, N°. 34.